我的鼻屎爺爺

文·申淳哉　圖·李明愛

譯·林謹瓊

小時報

我ˇ的ˊ爺ˊ爺˙是ˋ鼻ˊ屎ˇ爺ˊ爺˙，
他ˉ的ˋ鼻ˊ孔ˇ很ˇ大ˋ，
挖ˉ出ˉ來ˊ的ˋ鼻ˊ屎ˇ也ˇ超ˉ級ˊ多ˉ。

我也想要快點長大，
像爺爺一樣有大大的鼻孔，
還有挖不完的鼻屎。

「小敏， 妳的門牙是不是在搖了呀？
得快點拔掉咯。 」

「不行！ 我喜歡這顆牙齒！ 」

爺爺一定知道，
要怎麼做才能與喜歡的東西永遠不分開。

但我沒辦法問他，
爺爺太忙了，
沒有時間來看我。

我好想快點問他這個問題，
好想趕快跟他炫耀我的牙齒。

唉， 沒辦法了，
我要自己守護我的牙齒！

這些是我討厭的糖果，
雖然一週前我還很喜歡。

這些是我討厭的零食，
雖然三天前我還很喜歡。

這些是我討厭的年糕點心，
雖然直到昨天我還很喜歡。

嗯，
就算不吃零食跟糖果也沒關係，
年糕……也可以忍住不吃。
因為現在有了我的寶貝牙齒，
它就在我的嘴巴裡！

「爸爸，你要不要看我的牙齒呀？」

「小敏，我們現在得出門了，穿件衣服吧。」

爸爸不看我的牙，是要去哪裡呀？
媽媽為什麼這麼失魂落魄的？
我叫她也不回頭看我。

媽媽……

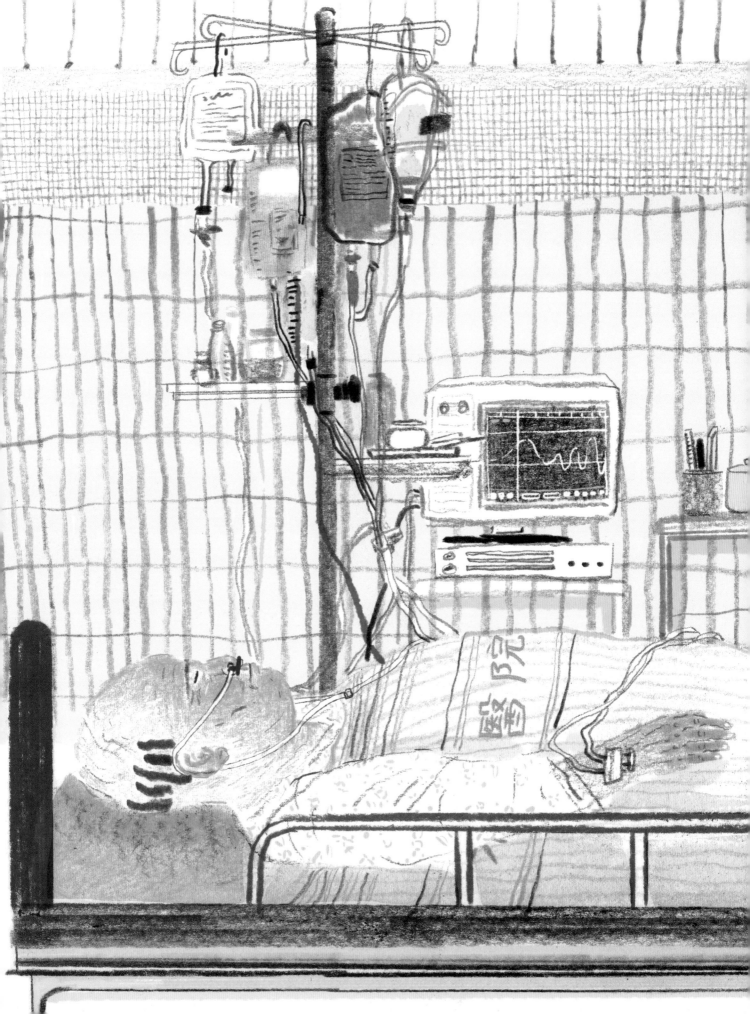

我看見爺爺大大的鼻孔裡
塞著一條長長的塑膠管子，
這樣就沒辦法挖鼻孔了；
手上插著點滴針，
這樣就沒辦法把鼻屎搓圓再
彈出去了。

爺爺緊閉著雙眼，
看起來好陌生。
爺爺，拜託你把眼睛睜開，
我有東西要給你看，

爺爺……

男　76
崔恩浩

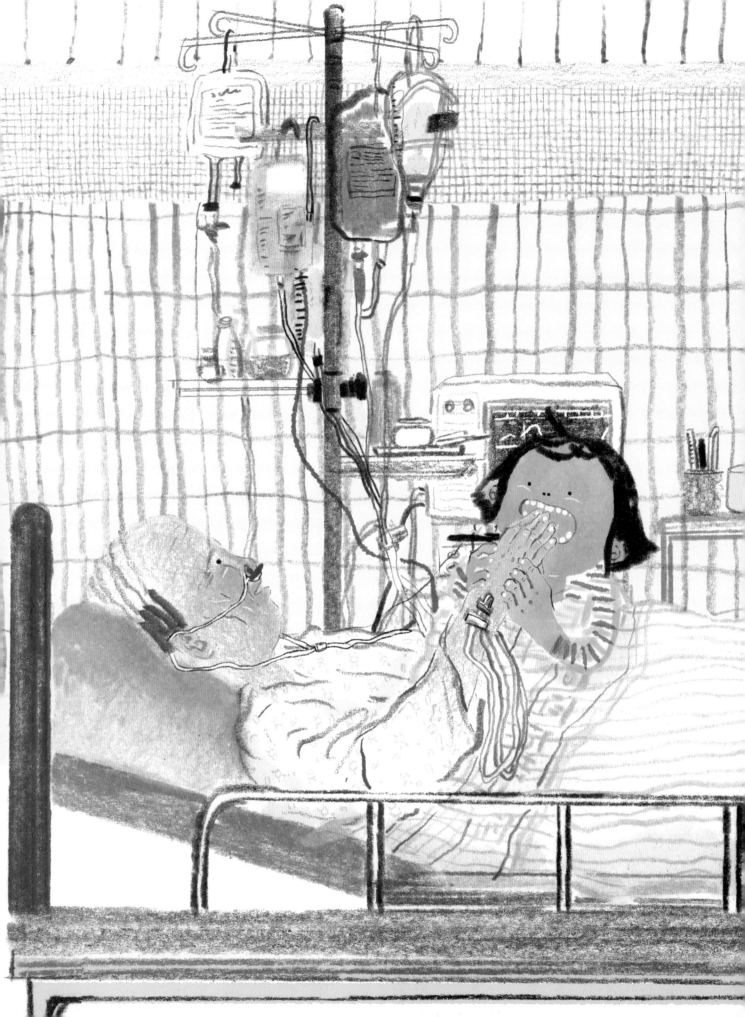

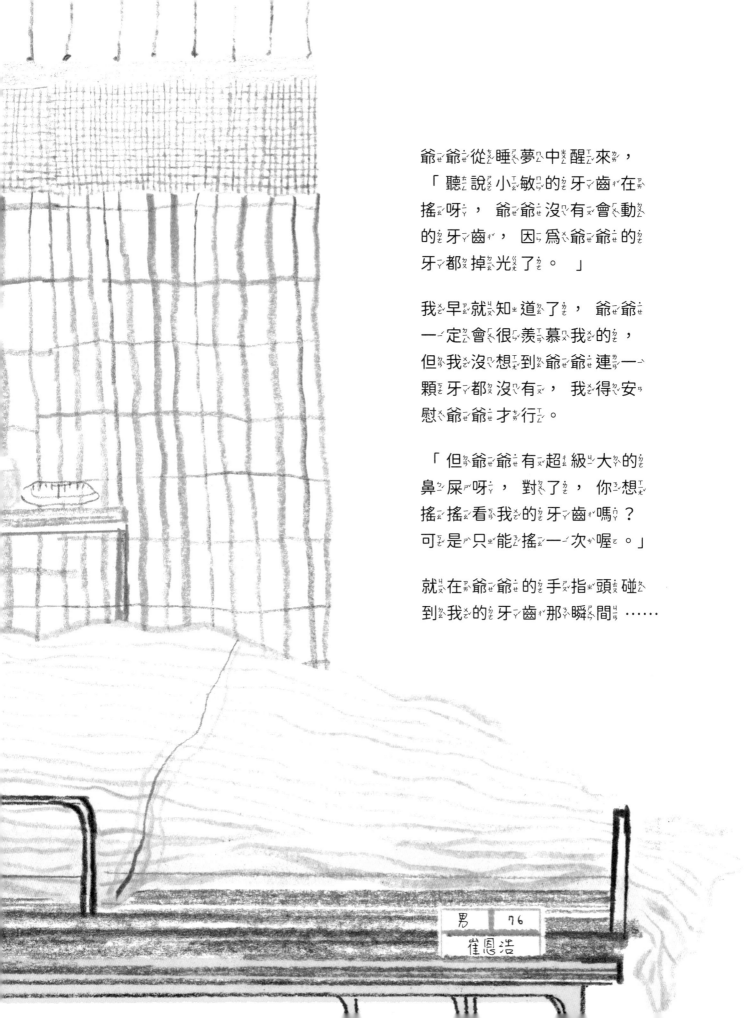

爺爺從睡夢中醒來，
「聽說小敏的牙齒在搖呀，爺爺沒有會動的牙齒，因為爺爺的牙都掉光了。」

我早就知道了，爺爺一定會很羨慕我的，但我沒想到爺爺連一顆牙都沒有，我得安慰爺爺才行。

「但爺爺有超級大的鼻屎呀，對了，你想搖搖看我的牙齒嗎？可是只能搖一次喔。」

就在爺爺的手指頭碰到我的牙齒那瞬間……

男 76
崔恩浩

「哎呀！」
牙齒掉下來了！

我超喜歡、
最喜歡的牙齒掉下來了！

怎麼辦？ 怎麼辦？
我真的很喜歡那顆牙齒！
我不想跟喜歡的東西分開……

「哇嗚——！」

「別難過，小敏。」
爺爺微笑著看著我。

「牙齒掉了會再長新的牙齒出來，
這並不是永遠的離別。」

「真的嗎？」
我一邊流著眼淚一邊問爺爺。

「就像指甲，剪了之後還會再長出來，對吧？」

「嗯，腳指甲也是。」

「頭髮也一樣，剪短了會再變長，對吧？」

「對呀，鼻屎也是！」

「鼻屎挖完之後也會再有耶！」
聽見我這麼說，爺爺笑了出來。

我用舌頭輕輕觸碰那個掉了牙的缺口，感覺好失落，又想哭了。

「雖然現在沒有牙齒，但那個缺口會再長出新的牙齒。
舊的牙齒離開了，會留下一個新的牙齒。」

「會長出一模一樣的牙齒嗎？」

「也許不會完全一樣，但會非常相似喔。」

「可是，爺爺……
你死掉以後也會有一個新的爺爺嗎？」

「爺爺又不是牙齒。」

「對喔，爺爺不是手指甲，也不是腳指甲，
不是頭髮也不是鼻屎。」

我以為爺爺聽了我的話會笑，但他沒有。

「小敏，妳喜歡的牙齒離開以後，會留給妳一顆新的牙齒，對吧？」

「嗯！我會有一顆跟原本長得很像的新牙齒！」

「爺爺也要留下妳先離開了。」

「我是爺爺的新牙齒嗎？」

「是呀⋯⋯」

「對耶，我長得跟爺爺很像，也一樣都會挖鼻屎⋯⋯」

糟糕，我把祕密說出來了！

爸爸和媽媽有沒有聽見呀？
被他們發現了嗎？

爺爺，對不起！你生氣了嗎？
是不是在怪我呀？

爺爺，拜託你把眼睛睜開！

為什麼爺爺一句話都不說呢？

爺爺，爺爺……

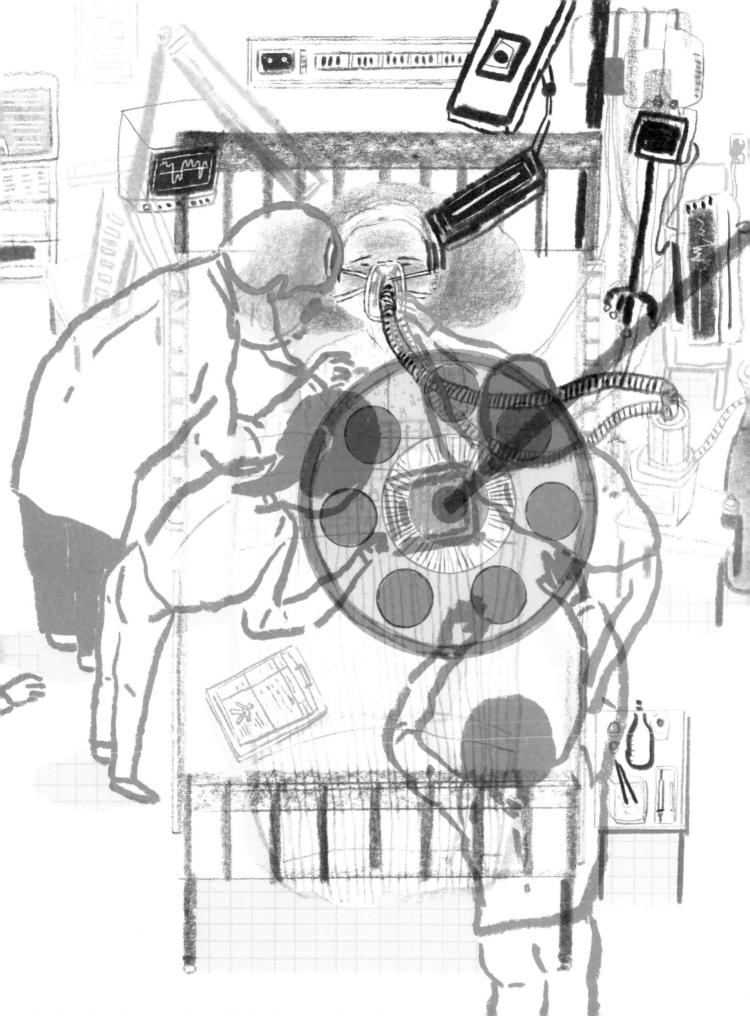

沒有人知道，
我的爺爺是鼻屎爺爺，
他是彈鼻屎的黑帶高手，
他只把彈鼻屎的祕訣傳授給我一個人。

沒有人知道，
我是爺爺的新牙齒，
一顆跟爺爺長得很像的新牙齒。

作者 申淳哉

在家父去世後不久，我寫下這個故事，距今已過了好幾年。那時，我以為這個故事是寫給我尚年幼的女兒看的，現在看來，其實是我為了自己而寫的故事。在此我要向留下珍貴新牙「民敬」的兩位祖父致上感謝與敬愛之意。

—

申淳哉擔任許多兒童繪本的文字作者，作品有《我會自己收書包！》、《蚯蚓爺爺》、《和我一起吃飯》、《守夜者們》、《離不開的謊言》和《忙碌的嘴巴》等書。

繪者 李明愛

每年五月，全家會去麗水掃墓，祭拜丈夫的父親。公公在我生小孩之前就過世了，孩子們在素未謀面的爺爺墳前依然玩得開心，每當此時，就讓我體會到死亡並不總是與悲傷畫上等號。因為在孩子的記憶裡，爺爺是一個在蔥綠山丘上俯瞰著蔚藍大海的存在。

—

李明愛的繪本作品《10秒》和《塑膠島》入選波隆納兒童書展暨插畫展年度插畫家，並且獲得韓國NAMI繪本比賽銀獎、布拉迪斯國際插畫雙年展（BIB）金牌獎。

她也是許多兒童繪本的創作插畫，作品有《聽話的狗》、《超厲害的電視購物》、《舒爽澡堂前的回憶照相館》、《我的鄰居是跆跟大師》和《如果聖誕老人是我的爺爺》。

＊跆跟：朝鮮半島古代的一種傳統武術

文 ——————— 申淳哉

圖 ——————— 李明愛

譯 ——————— 林謹瓊

主編 ——————— 胡琇雅

行銷企畫 ——————— 倪瑞廷

美術編輯 ——————— Xi

第五編輯部總監 — 梁芳春

董事長 ——————— 趙政岷

出版者 ——————— 時報文化出版企業股份有限公司

108019台北市和平西路三段240號七樓

發行專線 ——————— (02)2306-6842

讀者服務專線 —— 0800-231-705、(02)2304-7103

讀者服務傳真 —— (02)2304-6858

郵撥 ——————— 1934-4724時報文化出版公司

信箱 ——————— 10899臺北華江橋郵局第99信箱

統一編號 ——————— 01405937

時報悅讀網 ——————— www.readingtimes.com.tw

法律顧問 ——————— 理律法律事務所 陳長文律師、李念祖律師

初版一刷 ——————— 2022年11月04日

Printed in Taiwan

Copyright © 2022 by China Times Publishing Company

版權所有 翻印必究（若有破損，請寄回更換）

採環保大豆油墨印製

코딱지 할아버지

(Me and My Grandpa)